For Lian

Let's Go!
Let's Go!

出發嘍！

Kathleen R. Seaton 著

姚 紅 繪

"What should we do today?" asks Grandmother.

"Let's go for a drive,"
says Father.

"Where shall we go?" asks Mother.

4

"Let's go to a department store,"
says Big Sister.

"Let's go to the mountains," Big Brother says.

"Let's go on a *hike," I say.

*為生字，請參照生字表

"Let's go to the *forest," Little Brother says.

"Let's go to a lake," Grandfather says.

"We will have a picnic," Grandmother says.

"Yes, yes," everyone says. "Let's go."

"Let's get in our big red car," says Little Sister.

"Yes, yes. Let's go. Let's go," everyone says.

"Let's go down the road," says Father.

"We'll drive slowly," Mother says.

"No, no, let's go fast," cries everyone.

"Not too fast," says Grandmother.

"Let's sing some songs," Big Sister says.

"Let's laugh out loud," I say.

"Let's go up the mountain," Big Brother says.

"We'll look at the *clouds," Little Sister says.

15

"We'll walk down the mountain,
very *carefully," says Grandfather.

16

"We'll sit under a big tree
and eat some cakes,"
Little Brother says.

"Let's eat some fruit," says Mother.

"Let's drink some water," says Father.

"Let's pick up our *mess,"
says Big Sister.

"We'll keep the mountain clean,"
says Big Brother.

19

"Let's *take off our shoes," I say.

"Let's put our feet in the lake," says Little Brother.

"Let's go. Let's go," says everyone.

21

"We'll listen to the birds," Mother says.

"We'll *chase some frogs," I say.

"We'll smell some flowers," says Little Sister.

"We'll take a rest," Grandfather and Grandmother say.

"Then, we'll come home," Mother and Father say.

"Let's go! Let's go!" everyone *shouts.

生字表

adv.= 副詞 ， n.= 名詞 ， v.= 動詞

出發嘍！

p.2-3

奶奶說：「我們今天要做什麼呢？」

爸爸說：「我們開車出去玩吧！」

p.4-5

媽媽說：「要去哪裡呢？」

姊姊說：「我們去百貨公司吧！」

p.6-7

哥哥說：「我們去爬山吧！」

我說：「我們去健行吧！」

p.8-9

弟弟說：「我們去森林吧！」

爺爺說：「我們去湖邊吧！」

p.10-11

奶奶說：「我們來舉行野餐。」

大家說：「好啊，好啊！我們走！」

妹妹說：「我們坐上我們的大紅車吧！」

大家說：「好啊，好啊！我們走，我們走！」

p.12-13

爸爸說：「我們沿著路開下去吧！」

媽媽說：「我們要慢慢的開。」

大家說：「不，不，開快一點嘛！」

奶奶說：「不要太快啊！」

p.14-15

姊姊說：「我們來唱歌吧！」

我說：「我們大聲的笑出來吧！」

哥哥說：「我們爬上山吧！」

妹妹說：「我們會去看雲。」

p.16-17

爺爺說：「我們會小心翼翼的走下山。」

弟弟說：「我們會坐在一棵大樹下吃蛋糕。」

p.18-19

媽媽說：「我們來吃些水果吧！」

爸爸說：「我們來喝些水吧！」

姊姊說：「我們來把我們的垃圾撿一撿吧！」

哥哥說：「我們會維持山的整潔。」

p.20-21

我說：「我們脫掉鞋子吧！」

弟弟說：「我們把腳泡在湖裡吧！」

大家說：「我們走！我們走！」

p.22-23

媽媽說：「我們會聽聽鳥叫聲。」

我說：「我們會追著青蛙跑。」

妹妹說：「我們會聞一聞花香。」

p.24-25

爺爺跟奶奶說：「我們會休息一下。」

媽媽跟爸爸說：「然後，我們就回家。」

p.26-27

大家叫著：「我們走！我們走！」

英文練習解答

p.34-35

1. department store　2. forest

3. mountains　　　　4. shoes

5. sing, songs

英文練習

　　故事中，小班一家人用了許多 "Let's" 開頭的句子，給了許多不同的建議。"Let's...." 就是 "Let us...." 的縮寫，中文是「讓我們……吧！」，主要用來「提出建議」。下面我們就來練習 "Let's...." 這個句型吧！

●請仔細聽 CD Track 4 裡的句子，將句子中圖片代表的英文寫出來。這些句子都可以在故事裡找得到喔！

1. Let's go to a _____ d_____ t s___re.

2. Let's go to the _____ f_____ t.

3. Let's go to the   m_____ns.

4. Let's take off our   s____es.

5. Let's   s____g some s____gs.

●接下來，再聽一次 CD 的 Track 4，複習一下剛剛練習的句子。要跟著 CD 一起大聲的唸出來喔！

正確答案在第 33 頁喔！

小班的戶外觀察表

下面這張觀察表，是小班跟媽媽到戶外踏青時寫下來的，讓我們來看看小班觀察到的植物跟昆蟲有哪些。

姓名：小班
觀察時間：星期天下午
觀察地點：我們家附近的山上

1 我觀察到的植物

鬼針草

學校裡也有這種草，因為它的果實外面有像鉤子的刺，所以我跟同學會互相丟鬼針草，看看誰的衣服上黏到最多。老師說鬼針草又叫咸豐草，它的繁殖力很強，幾乎一年四季都能生長開花，而且只要是沒有其他植物生長的荒廢土地，都看得到鬼針草的蹤影喔！

含羞草

這種植物很有趣，它的葉片小小的，當我一碰這些葉片的時候，它們就通通闔起來，然後葉柄就會垂下來，一副很害羞的樣子。媽媽說就是因為這樣，所以大家叫它「含羞草」。含羞草在夏天長得特別茂盛，而且會開粉紅色的花。含羞草上的刺可以保護自己，不被其他昆蟲傷害。

蒲公英

我發現有一種植物的頂端有一叢白色的毛，風輕輕一吹，白色的毛就飄走了。媽媽說它叫蒲公英，它的花是黃色的；而白色的種子會像降落傘一樣隨風飄走，然後在停下來的地方繼續繁殖。

2 我觀察到的昆蟲

蟬

在山上的時候我一直聽到「唧—唧—唧—」的聲音，媽媽說那是蟬；在夏天跟秋天的時候，雄蟬因為想交女朋友，所以就從牠的腹部兩邊發出聲音，吸引雌蟬。

蟬媽媽要生蟬寶寶的時候，會把卵產在樹洞裡，幼蟲孵出來之後會掉到地面，然後就鑽到地底下，吸食樹根的汁液維持生命；要過好幾年才會鑽出地面，爬到樹幹上成為我們看到的蟬。

金龜子

我在山上抓到一隻金龜子，牠看起來是亮亮的綠色。我記得書上說，有的金龜子是吃植物，而有的金龜子吃哺乳類的糞便。金龜子媽媽不怕臭，牠會把糞便推到地底下，做成球的形狀，然後金龜子寶寶就能吃這些糞球裡的養分長大。

蜻蜓

水池邊有一些蜻蜓在飛，還有一兩隻在水面上點了一下才飛走。因為自然課有教過蜻蜓，所以我知道，蜻蜓媽媽是為了要把卵產在水面上，才會用尾巴點水；還有，有人說看到蜻蜓就表示要下雨了，那是因為下雨前的空氣溼度會增加，讓蜻蜓的翅膀變重，所以本來飛得高高的蜻蜓就會往下飛。我把這些跟媽媽說，媽媽誇我很聰明。

我的心得：

今天下午我觀察到好幾種植物跟昆蟲，有一些是我從書上讀到的，有一些是學校教的，還有一些是媽媽告訴我的。我喜歡認識植物跟昆蟲，希望下次媽媽還能帶我到山上玩。

Kathleen R. Seaton is an Associate Professor in the Department of Foreign Languages and Literature at Tunghai University. She teaches a seminar course in Children's Literature, Film and Culture, courses in composition and oral practice and electives in acting and drama. She holds an interdisciplinary PhD in Mass Communication and an MFA in Film from Ohio University, Athens Ohio, U.S.A.

Kathleen R. Seaton （呂珍妮） 在東海大學外國語文學系擔任副教授。她教授兒童文學、電影與文化的文學討論課程，另外還開設英文作文和口語訓練兩堂主修課程，選修課程方面則有表演與戲劇。她擁有美國俄亥俄大學的大眾傳播學跨領域博士和電影藝術碩士學位。

寫書的人

　　姚紅畢業於南京藝術學院中國畫系，現職於江蘇少年兒童出版社，從事兒童繪本的編輯和創作多年。她的繪畫作品《蓬蓬頭溜冰的故事》獲第四屆中國優秀少年讀物一等獎；《牙印兒》獲國際兒童讀物聯盟「小松樹」獎；《飛吻大王》獲第五屆國家圖書獎。由姚紅策劃並與他人合作編輯的《「我真棒」幼兒成長圖畫書》獲2000年冰心兒童圖書獎。

畫畫的人

I Love My Family Series

我愛我的家系列

Kathleen R. Seaton 著／姚紅 繪

附中英雙語朗讀 CD ／ 適讀對象：學習英文 0～2 年者（國小 1～3 年級適讀）

六本全新創作的中英雙語繪本，
六個溫馨幽默的故事，
帶領小朋友們進入單純可愛的小班的生活，
跟他一起分享和家人之間親密的感情！

Grandmother

Grandfather

Father

Mother

1. **I'm Bored** 我好無聊喔！
2. **Wake Up! Wake Up!** 起床了！
3. **Let's Go! Let's Go!** 出發嘍！
4. **Happy Birthday Grandmother** 奶奶，生日快樂！
5. **I Want A Dog** 我想要一隻狗！
6. **There Are Ants in My Pants!** 哎呀！褲子裡有螞蟻

賽皮與柔依系列

ZIPPY AND ZOE SERIES

想知道我們發生了什麼驚奇又爆笑的事嗎？
歡迎學習英文0-2年的小朋友一起來分享我們的故事——
「賽皮與柔依系列」，讓你在一連串有趣的事情中學英文！

精裝／附中英雙語朗讀CD／全套六本

Carla Golembe 著／繪
本局編輯部 譯

Hello！我是賽皮，我喜歡畫畫、做餅乾，還有跟柔依一起去海邊玩。偷偷告訴你們一個秘密：我在馬戲團表演過喔！

Hi，我是柔依，今年最開心的事，就是賽皮送我一張他親手畫的生日卡片！賽皮是我最要好的朋友，他很聰明也很可愛，我們兩個常常一起出去玩！

賽皮與柔依系列有：

❶ 賽皮與綠色顏料
(Zippy and the Green Paint)

❷ 賽皮與馬戲團
(Zippy and the Circus)

❸ 賽皮與超級大餅乾
(Zippy and the Very Big Cookie)

❹ 賽皮做運動
(Zippy Chooses a Sport)

❺ 賽皮學認字
(Zippy Reads)

❻ 賽皮與柔依去海邊
(Zippy and Zoe Go to the Beach)

國家圖書館出版品預行編目資料

Let's Go! Let's Go!:出發嘍! / Kathleen R. Seaton
著;姚紅繪;本局編輯部譯.－－初版一刷.－－臺
北市:三民,2006
　　　面;　　公分.－－(Fun心讀雙語叢書.我愛我的
家系列)
中英對照
ISBN 957-14-4426-X　　(精裝)

1.英國語言－讀本

523.38　　　　　　　　　　　　　　94026449

網路書店位址　http://www.sanmin.com.tw

© Let's Go! Let's Go!
　　　——出發嘍!

著作人　　Kathleen R. Seaton
繪　者　　姚　紅
譯　者　　本局編輯部
發行人　　劉振強
著作財
產權人　　三民書局股份有限公司
　　　　　臺北市復興北路386號
發行所　　三民書局股份有限公司
　　　　　地址／臺北市復興北路386號
　　　　　電話／(02)25006600
　　　　　郵撥／0009998-5
印刷所　　三民書局股份有限公司
門市部　　復北店／臺北市復興北路386號
　　　　　重南店／臺北市重慶南路一段61號
初版一刷　2006年1月
編　號　　S 806051
定　價　　新臺幣壹佰捌拾元整
行政院新聞局登記證局版臺業字第○二○○號

有著作權‧不准侵害

ISBN　957-14-4426-X　　(精裝)